AF554230

I 27 n
3186

ACADÉMIE DES JEUX FLORAUX.

Concours de 1867.

ÉLOGE
D'EUGÉNIE DE GUÉRIN,

DISCOURS

Qui a obtenu un Souci ;

Par M. MAZUEL,

Censeur des études, au Lycée de Marseille.

TOULOUSE,

IMPRIMERIE CH. DOULADOURE ;

ROUGET FRÈRES ET DELAHAUT, SUCCESSEURS,

Rue Saint-Rome, 39.

1867.

ÉLOGE

D'EUGÉNIE DE GUÉRIN.

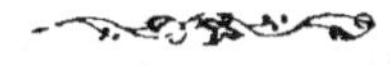

Vers 1835, la France présentait le spectacle d'une merveilleuse activité dans tous les domaines de la pensée et des arts. Le mal y avait sa large part comme le bien ; mais, après les années qui précédèrent et suivirent la Révolution de juillet, et qui avaient vu éclore tant de talents et de chefs-d'œuvre, ce fut encore une heure brillante que celle où le chantre des Nuits composait ses plus beaux vers ; où l'Homère de l'histoire publiait ses récits des temps mérovingiens ; où paraissaient les Lettres de ce voyageur qui, pour exprimer d'orageuses passions, avait retrouvé le langage de Rousseau, et employé, pour peindre les scènes de la nature, des couleurs nouvelles d'une richesse magique; où des milliers d'auditeurs, pressés dans l'immense nef de Notre-Dame, saluaient la jeune éloquence de Lacordaire ; où la peinture nous donnait les *Pêcheurs*, la *Mort du duc de Guise*, les *Femmes d'Alger*, le *Martyre de saint Symphorien*, et la musique, *Lucie*, la *Juive*, les *Huguenots*. A cette époque, aussi profondément agitée que féconde, vivait, cachée dans la solitude, une simple et noble fille que la mélancolie du siècle avait touchée, mais qui, se nourrissant de foi et de pures affections, puisant dans la prière la force et la sérénité, interrompant une lecture sérieuse, de graves ou poétiques méditations, pour aller remplir quelque humble devoir domestique ou porter aux pauvres et aux malades l'aumône du pain, des soins intelligents, et des bonnes paroles, s'estimait heureuse de son obscure destinée, et ne sentait battre son cœur que pour son frère Maurice et pour Dieu. J'ai nommé Eugénie de Guérin.

Dans le département du Tarn, à une heure environ du gros village de Cahusac, lorsque, par un petit chemin montant qui serpente dans une étroite vallée, vous êtes parvenu au hameau d'Andillac, et que, tournant le coteau, vous redescendez pour suivre une route pierreuse bordée de peupliers et d'un mince ruisseau, vous arrivez à une vieille croix que la pluie et le temps ont noircie. En face de vous s'élève, sur une éminence, un modeste château ; à votre gauche s'ouvre une jolie prairie qui s'arrondit en vallon, et au milieu de laquelle un magnifique marronnier séculaire étend son vaste ombrage. Des bois dominent les flancs du vallon ; à la droite du château, vous apercevez un chemin qui court le long d'une colline : c'est le chemin de Cordes. Le site est désert et silencieux ; mais ce silence et cette solitude portent à l'âme une impression de calme plutôt que de tristesse, et, si l'horizon est borné, l'œil se repose agréablement sur une fraîche verdure. Vous êtes au Cayla.

C'est dans ces lieux qu'Eugénie de Guérin a passé

sa vie. Sur la façade du château tournée vers l'orient, on remarque une étroite fenêtre à petits carreaux : c'est celle de la chambre d'Eugénie, de l'asile où elle aimait tant à se retirer, vrai sanctuaire d'étude, de poésie et de recueillement, son église, enfin, comme elle le disait elle-même, où elle cherchait Dieu, et où Dieu venait la trouver.

Pénétrez dans ce réduit désormais sacré, et, si vous avez lu le Journal d'Eugénie, vous y reconnaîtrez avec une profonde et douce émotion cette image de l'Annonciation qui la vit si souvent prier, image grossière aux yeux d'un artiste, mais qui parlait si bien à son cœur religieux ; cette figure agenouillée de sainte Thérèse, sa sœur en amour du Christ, et cette petite table sur laquelle tant de fois elle posa le cher cahier confident de toutes ses pensées, le Journal où elle vit tout entière ! Prêtez l'oreille, et vous entendrez le murmure du ruisseau dont vous avez suivi les bords pour vous rendre au Cayla. Ce ruisseau, c'est le Sanctussou, filet d'eau qui jaillit du pied de la colline où le manoir est assis : Nausicaa chrétienne, Eugénie lavait quelquefois ses robes dans l'onde pure du Sanctussou.

Reprenez le chemin qui mène à Andillac, et entrez dans l'obscure et misérable église du hameau. C'est sur ces dalles humides, au pied de cet autel nu, qu'elle s'abîmait dans de longs entretiens avec Dieu ; c'est là aussi qu'elle trouvait le remède à ses langueurs, une paix ineffable, une vie nouvelle, lorsqu'avide et tremblante, elle s'approchait de la Table sainte pour y goûter la véritable ambroisie composée de force et d'amour. En sortant de l'église, il lui arrivait souvent de s'arrêter dans le cimetière : sa pensée y évoquait le souvenir de ceux qui dorment là ; elle s'y réchauffait au soleil d'avril, et, à la vue de ces doux et gais rayons qui doraient le gazon des tombes, son imagination saisissait vite le contraste de la vie et de la mort; puis elle marquait sans frayeur sa propre place, la place où elle attend aujourd'hui, près de son bien-aimé frère, l'heure de l'éternité.

Un étroit espace enferme le berceau et la tombe d'Eugénie, et fut l'humble théâtre de sa courte existence. Elle vécut beaucoup par la pensée et par le cœur ; mais sa vie n'offre que peu d'événements à raconter. Elle était née en 1805, au château du Cayla, d'une ancienne famille établie en Languedoc dès le IXe siècle. Dans la notice généalogique qu'elle avait elle-même préparée en vue d'une édition des œuvres de son frère, on voit figurer un troubadour. Le génie poétique était de vieille date dans la race des de Guérin. Outre Eugénie, trois enfants, Mlle Marie, Maurice, et Erembert, formèrent la famille de M. de Guérin. Eugénie n'eut point d'autre instituteur que son père et le curé qui enseigna à son jeune frère Maurice les premiers éléments du latin ; elle prit sa part des leçons données à son frère, non pour être savante, mais pour se mettre en état de suivre les offices dans la langue même de l'Eglise. Son premier chagrin fut la mort de sa mère, qu'elle perdit quand elle n'était déjà plus une enfant et qu'elle n'était pas encore une jeune fille. Ce malheur accrut les sentiments de piété dont la grâce divine avait déposé le germe dans son âme, et que l'éducation domestique prenait soin d'y développer. Sa foi grandit en ardeur et en lumière ; elle devint méditative, et, sans être étrangère à l'aimable gaîté de son âge, aux douces et chastes rêveries des jeunes années dans la fleur de l'innocence, au goût même d'une élégante et discrète parure, elle contracta cette religieuse tristesse qui forme un des traits dominants de son caractère. Dès lors, elle fut la mère de Maurice, qu'elle s'était plu, enfant elle-même, à tenir sur ses genoux, et dont elle devait toujours suivre l'existence agitée d'un regard plein de tendresse et de sollicitude. Il fallut se séparer de bonne heure de ce frère bien-aimé. Maurice alla continuer ses études à Toulouse, et plus tard les finir à Paris. Ses études terminées, il resta presque toujours éloigné du toit paternel, portant une âme maladive dans un corps chétif, douloureusement replié sur lui-même, et se consumant dans le sentiment de sa faiblesse morale qu'il analysait avec une désolante pénétration ; aspirant tous les souffles de poésie qui circulaient dans l'air de son temps, mais, non moins atteint de ses misères que de ses grandeurs, allant demander à la Chênaie une direction au plus redoutable des maîtres, et un refuge contre les assauts du doute dans le port où se préparait un terrible naufrage ; puis, incertain de sa voie, ne pouvant ou ne sachant, avec un rare talent, se faire une renommée, cherchant en vain un emploi régulier de sa vie, et, après quelques mois d'un mariage qui fixait l'inquiétude de sa destinée et de son cœur, venant s'éteindre au Cayla.

Que faisait Eugénie pendant que son frère s'épuisait à poursuivre un bonheur et une paix qu'il ne devait enfin trouver que pour les perdre presqu'aussitôt ? A en juger sur l'apparence, rien de plus triste que sa vie ordinaire. Sauf les jours de fête, où l'on allait en pèlerinage entendre la messe dans quelque village voisin, et où elle prenait plaisir à la rencontre sur les routes *des paysans endimanchés et des enfants grandis d'une semaine à l'autre ;* sauf en automne, où les échos étonnés du manoir et des vallons qui l'entourent répétaient, avec les bruits belliqueux de la chasse, les frais éclats de rire des jeunes amies de Mlle de Guérin ; où de nombreux convives, pourvus d'un joyeux appétit, recevaient, dans le salon aux murs blancs, la franche et large hospitalité du bon vieux temps, c'était à peine si de loin en loin la visite d'un parent, d'un ami, d'une personne distinguée, venait apporter une aimable distraction à l'existence uniforme des solitaires habitants du Cayla. Les visiteurs les plus fréquents, visiteurs toujours bien accueillis, étaient les mendiants de la contrée. Des journées entières se passaient pour Eugénie sans autre accident extérieur que le vol d'un oiseau à l'horizon, ou le passage d'un paysan dont la silhouette se dessinait sur le chemin de Cordes. Et pourtant, si Eugénie connaissait ces inévitables tristesses dont la source est cachée au fond des belles âmes, pour qui la terre, si belle qu'elle leur apparaisse, est toujours voilée des ombres de l'exil, parce que Dieu, en s'approchant d'elles, leur a fait entrevoir les cieux de la vraie patrie, Eugénie pourtant aimait sa vie de retraite et de silence. Elle savait si bien remplir ses heures! On a retracé plusieurs fois la journée d'illustres ou saints personnages : je voudrais essayer, à l'aide des notes disséminées dans son Journal, de recomposer une journée d'Eugénie.

Nous sommes à la fin d'avril. C'est un de ces jours charmants qui ne mentent pas aux promesses de la saison. Il est six heures du matin : Eugénie est debout. Elle ne tarde pas à s'agenouiller devant une des saintes images qui décorent sa petite chambre, pour offrir à Dieu les prémices de sa pensée et de son cœur, et pour lui demander le bienfait d'un jour passé dans la paix qu'il donne. Elle s'achemine bientôt vers Andillac. Elle respire avec délices l'air pur des heures matinales, et bénit Dieu à la vue des fleurs qui bordent la route, et en entendant le petit cri aigu de l'hirondelle, l'infaillible messagère du printemps dont elle marquera le retour comme une date aimée. La voilà dans l'église; elle suit, profondément recueillie, toutes les phases du divin sacrifice ; elle prie pour sa chère famille, pour la santé et le salut de Maurice, pour les pauvres du hameau, pour tous ceux qui gémissent, pour les morts que son fidèle regret n'oublie pas. En quittant l'église, elle va faire ses visites à la misère. Elle entre dans les plus chétives masures, et en sort attendrie, navrée, pénétrée de respect, au souvenir de la naïve affection qui l'a accueillie, de la couche hideuse sur laquelle s'agitait une mendiante à l'agonie, de la résignation sublime qu'elle a trouvée sous des haillons. Rentrée au Cayla, Marthe et Marie tout ensemble, elle mêle l'occupation des mains à l'activité de l'esprit, faisant succéder l'une à l'autre, selon que le ménage réclame une part de ses soins, ou qu'elle est libre, sans rien dérober même aux devoirs les plus vulgaires, de se livrer à sa pente naturelle d'étude, de lecture et de réflexion. Elle s'entretient avec son père, au coin de la vieille cuisine enfumée, du livre d'histoire qu'ils lisent en ce moment tous les deux. De cette grave lecture elle passe à la poésie, au Jeune Malade de Chénier, qu'elle laisse de temps en temps pour donner un coup d'œil au mets qu'elle prépare. Puis, tandis que ses doigts font tourner le fuseau ou poussent l'aiguille, elle écoute en elle-même la touchante harmonie des vers qui résonnent encore dans sa mémoire charmée. C'est ensuite une causerie avec sa bonne sœur, avec Mimi, douce et intime causerie dont le flot capricieux et limpide s'alimente de mille propos divers inspirés par le cœur, par la sagesse unie à la simplicité, par une gaîté innocente dans une veine de joie domestique. Car les dernières nouvelles de Maurice étaient bonnes : il se portait mieux, il était moins découragé, l'horizon de sa vie paraissait s'éclaircir. Mais l'heure du dîner s'approche.

Eugénie ne veut pas prendre la nourriture du corps sans chercher auparavant pour son âme, dans la lecture de la Vie des Saints, un exemple, une maxime qui la soutienne et qui la vivifie. Après le repas, je la vois qui prend seule l'allée de la garenne du Nord, s'enfonce sous les ombrages rêveurs, et s'abandonne au courant de sa pensée.

Que fait Maurice? Est-il vrai que cette pauvre organisation délicate se laisse moins pénétrer à l'impression malsaine des froides brumes de Paris? Quelques rayons de tiède soleil viennent-ils un peu réjouir ses sens et son cœur, et lui rappeler son beau ciel du Midi? Sa dernière lettre n'est-elle pas un mensonge de sa tendresse pour tromper les inquiétudes de sa famille? Ne se trompe-t-il pas lui-même? Ah! que ne peut-elle l'arracher à ce mortel climat! elle le guérirait, elle le soignerait du moins comme son enfant. Elle ne serait pas moins attentive aux plaies de son âme; elle saurait les toucher d'une main délicate, et, avec l'aide de Dieu, trouver le mot qui pénètre et le baume qui rend la vie. Quand reviendront les jours où elle parcourait avec lui ces vallons et ces bosquets, où ils s'asseyaient à l'ombre du vieux marronnier ou sur l'un de ces bancs de bois, pour y causer plus à l'aise, et lire à deux quelque passage de ces admirables sermons de Bossuet qu'il aime tant et qu'il explique si bien? Que ne peut-elle toujours partager avec lui le plaisir d'une matinée fraîche et riante, du calme religieux d'une belle soirée, des chants du premier rossignol, de l'épanouissement timide des premières fleurs? Cependant, elle ouvre un livre qu'elle a emporté avec elle: c'est précisément un volume des sermons de Bossuet. Sa réflexion s'arrête avec le sublime auteur sur la brièveté de nos jours, sur l'abondance de nos misères, et sur la plus grande de toutes, la mort. Les graves pensées, depuis longtemps familières à son esprit, la frappent davantage, présentées avec tant de force ; mais elles l'étonnent sans l'abattre, car elle en saisit le sens chrétien aussi consolant que terrible. Elle descend dans le vallon : la prairie étend déjà sous ses pieds un épais tapis ; le marronnier a ouvert toutes ses feuilles ; la nature se montre parée de son inépuisable jeunesse. Eugénie, accessible au sentiment poétique de la vie comme aux enseignements de la mort, sourit à ces grâces nouvelles, et sous la douce impression qui l'a charmée, elle remonte lentement au château. Elle donne encore une heure ou deux à ses devoirs de ménagère, aux entretiens de la famille, et quand sa conscience ne lui demande plus rien pour les autres, rendue à elle-même, elle se retire dans sa chambrette.

Qui de nous, si détaché qu'il vive, si plein que soit son sacrifice, ne s'est réservé une heure et un coin de solitude où il aime à se retrouver avec sa pensée, avec son cœur, dans toute la liberté de sa vie personnelle? Le religieux, qui ne possède rien, qui est une liberté toujours obéissante dans la main de son supérieur, le religieux a pourtant sa cellule, domaine de quatre pieds carrés, mais où il peut s'appartenir tout entier ; ou plutôt c'est là qu'il n'appartient plus qu'à Dieu, et que les vaines distractions et les fantômes de ce monde ne venant plus se placer entre lui et la vraie lumière, il en reçoit mieux le reflet dans son âme. Sa méditation n'est pas une jouissance égoïste, c'est la légitime possession de soi dans la possession de Dieu commencée. La cellule d'Eugénie, c'est sa petite chambre, cellule où la suivent les beaux songes, et plus souvent, hélas ! les inquiétudes et les douleurs de la terre, mais où Dieu surtout habite avec elle pour la consoler et pour la soulever jusqu'à lui. Qui me donnera de la peindre dans ses heures de solitude et de recueillement? Murs de sa chambrette, que de fois vous avez vu s'incliner son front pensif! De combien de regards levés vers le ciel, de combien de larmes n'avez-vous pas été témoins! Rayons de soleil levant qui veniez embellir le modeste réduit, quels saints réveils vous éclairiez! Étoiles qu'elle aimait tant à contempler de sa petite fenêtre dans l'obscurité transparente d'une nuit sereine, quelles sublimes rêveries vous lui inspiriez aux dernières heures de sa journée!

Eugénie reprend dans sa chambre cet entretien avec elle-même dont l'intérêt ne s'épuise pas pour son âme tendre et méditative, et qui se résume en trois mots : la poésie, Maurice, et Dieu. Mais parfois, hélas! sous une secrète et maligne influence, Eugénie se trouve plongée dans ces pensées de sombre et amère tristesse qui se remuent au fond de toute âme humaine, quelque brillante ou paisible qu'en soit la surface. Elle considère tous les objets de ses attachements, et elle les trouve tous vains et fragiles; elle se considère elle même, et ne sent en elle que frivolité, faiblesse et lassitude. Ces syllabes sonores qu'elle aime à cadencer, ces pages qu'elle remplit du néant de ses journées, qui les écoutera, qui les lira? A qui seront-elles jamais utiles? Ces bois qui l'ont charmée le matin dans la fraîcheur de leur verdure printanière, dans quelques mois, elle les verra jaunis, dépouillés! Ce ciel, si pur tout à l'heure, voilà des nuages qui s'avancent de plusieurs côtés pour en corrompre l'azur!

Ce Cayla, déjà si changé depuis son enfance, quel sera bientôt son aspect? Combien de temps faudra-t-il pour qu'il ne rappelle plus que des souvenirs de deuil? Ainsi, nous passons nos jours à souffler des bulles légères que le moindre vent emporte! Ainsi toute jeunesse est offusquée de l'ombre d'une décadence prochaine! Ainsi, tout éclat a sa tache et son obscurcissement! Cette affection même qui l'attache à son frère, cette affection qui est la respiration de son âme, dont elle retrouve partout la pensée, l'enchantement et l'angoisse, l'adresse-t-elle à un assez digne objet? Combien d'années, de mois seulement pourra-t-elle la lui donner encore? Lui est-elle rendue? O douceur trompeuse et passagère des tendresses humaines! Et Dieu, le Dieu jaloux, ne condamne-t-il pas celle-ci dans son excès? Mais, ce Dieu le sait, l'affection si vive qu'elle sent pour Maurice laisse dans son cœur un vide encore plus grand que la place qu'elle y tient. Qui donc le comblera? Celui-là seul qui est l'immensité de la vérité et de l'amour.

Eugénie lève alors les yeux sur son crucifix. C'est bien le Dieu que tout cœur cherche, et que la raison la plus savante ne peut renverser de son trône sanglant! Répandant sur les hommes régénérés, du haut de ce bois ignominieux où il est attaché depuis bientôt dix-neuf cents ans, la lumière, l'amour et la vie, il convertit toujours, ou soulève des outrages : chose étrange! le temps qui refroidit tout, la haine comme l'amour, n'a pas amené l'indifférence pour lui; il est comme le spectre inévitable dont le doute ne saurait se débarrasser; il est la règle et la mesure de tout progrès véritable; il est l'*être ou ne pas être* du monde moderne; il est Dieu, ou il est moins que le malheureux blasphémateur crucifié à côté de lui; et si un élégant sophiste entreprend de le peindre, sans vouloir en faire ni un Dieu, ni un imposteur digne de tous les mépris et de toutes les malédictions des siècles trompés, tout l'effort de son imagination ne peut enfanter qu'un monstre ridicule, et une sorte de christianisme athée aboutissant à mieux démontrer la divinité du Christ à ceux qui l'adorent déjà, et à en faire pénétrer plus avant le soupçon dans l'esprit de ceux qui n'ont pas encore fléchi le genou devant elle.

Eugénie regarde avec amour l'image du divin supplicié; elle reconnaît l'incomparable ami des âmes ; elle lui demande une de ces paroles intérieures de consolation et de vie qu'il ne refuse jamais à d'humbles soupirs. Peu à peu la prière rafraîchit l'âme d'Eugénie comme une céleste rosée; elle se sent ranimée et fortifiée; ses yeux se mouillent de larmes bénies, l'espérance remplit son cœur : le Christ a chassé le démon des noires pensées.

En s'élargissant de plus en plus pour Dieu, les âmes chrétiennes ne se rétrécissent pas du côté des affections humaines nobles et pures. Eugénie connaît l'amitié : elle est digne de recevoir, et elle sait rendre ce don précieux et délicat. Ses amies absentes ont leur part de son cœur et de son temps, Louise de Bayne surtout, l'amie rencontrée à dix-sept ans, dont le nom évoque dans la pensée d'Eugénie, avec le charmant paysage de Raissac, tout un essaim de chastes souvenirs de jeunesse, Louise qui inspira jadis à Maurice son chant au grillon ! Eugénie écrit à Mlle de Bayne une lettre mêlée de gravité, de tendresse et d'enjouement, comme celles dont l'admiration indiscrète de ses amies trahissait parfois la confidence, mais empreinte de cet abandon plus sincère et plus plein que nous réservons pour l'ami qui a le mieux l'intelligence et l'accès de notre cœur.

Un autre devoir à remplir arrache Eugénie à sa chambrette. Maîtresse d'école volontaire, elle enseigne à lire à une pauvre enfant du voisinage ; elle lui apprend le catéchisme. Aussi ingénieuse que bonne et patiente, elle sait donner de l'attrait à ses leçons ; elle se fait petite pour la petite intelligence de son élève, et met son plaisir et sa récompense *à respirer les premiers parfums de la jeune fleur*.

Cependant le repas du soir réunit les habitants du paisible château. Eugénie goûte, comme un pain toujours savoureux, ce bonheur quotidien de la famille réunie. Ah ! si Maurice était là pour le partager ! C'est l'heure où se fait l'agréable échange des impressions du jour, l'heure des causeries prolongées. M. de Guérin y apporte sa gravité attendrie, Erembert son aimable entrain, Mimi son bon sens et son bon cœur ; Eugénie, par la forte maturité de son esprit et par l'empire de ses vertus, y exerce une sorte d'autorité que son frère et sa sœur lui accordent sans peine, et dont se réjouissent les cheveux blancs de son père. Mais le cours des heures actives s'achève ; on se quitte dans le souhait réciproque de la garde de Dieu, et dans la confiance de retrouver le lendemain avec la même union, les mêmes joies pures, ou, si c'est une épreuve que le lendemain réserve, la force pour la soutenir.

Retirée dans sa chambrette, Eugénie est attirée à sa fenêtre par la molle et mystérieuse clarté de la nuit. Les nuages qui avaient paru pendant le jour se sont entièrement dissipés, et la vue peut se perdre dans les profondeurs étoilées. Eugénie contemple longtemps les espaces sans bornes : sa pensée ne craint pas de s'y élancer, parce que, si loin que son regard se porte, chaque monde nouveau qu'elle découvre lui raconte toujours la gloire du même Dieu. Elle écoute les ineffables harmonies qui descendent des sphères célestes; elle aime à se figurer ces champs de lumière comme le lieu de révélation d'où les intelligences ravies apercevront toute vérité, sans que le cercle du vrai cesse jamais de s'étendre ; comme la patrie bienheureuse où les âmes élues de ceux qui se seront aimés sur la terre se retrouveront pour s'embrasser dans l'effusion d'une immortelle charité.

Le cœur et l'imagination encore tout émus de ces merveilleuses rêveries, Eugénie va s'asseoir à sa petite table. Fidèle à la promesse qu'elle a faite à son frère, et qu'elle s'est faite à elle-même, de lui raconter exactement chacun de ses jours, et surtout cette journée de l'âme souvent si pleine et si agitée dans le vide et dans la tranquillité de la vie extérieure, elle se dispose à résumer l'histoire de la journée qui va finir. Que va-t-elle raconter? Rien ne s'est passé au Cayla. Mais le jour s'est levé dans le doux éclat de la jeune saison; Eugénie a salué le vol des premières hirondelles; elle s'est assise à tous les pauvres foyers du hameau ; Bossuet lui a parlé de la mort avec sa précision si familière et si saisissante; puis son âme s'est assombrie avec le ciel ; la prière l'a consolée, et maintenant voilà la sérénité ramenée au ciel comme dans son âme : le spectacle de la nuit splendide vient de lui montrer les horizons de l'infini. Ces impressions, ces pensées, quel étranger désirerait les connaître? Mais le journal n'est que pour Maurice Et la plume court sur le papier où l'âme d'Eugénie se répand sans effort en vives images, en réflexions d'un sens exquis, en admirables élans du cœur. Pourquoi les heures courent-elles plus légères encore que cette plume facile? Lorsqu'Eugénie s'aperçoit enfin de leur fuite rapide, elle ferme son cahier avec un mouvement de touchant effroi : si son bon père savait qu'elle reste si tard occupée à écrire! Elle se lève aussitôt, fait sa prière du soir, et attend le sommeil en donnant une dernière pensée à Maurice, en murmurant une dernière parole à Dieu.

Si cette esquisse d'une journée d'Eugénie n'était pas si imparfaite, je pourrais dire que, sauf quelques rares et courts voyages qui ne s'étendaient pas au delà des limites du département du Tarn, j'ai raconté toute sa vie, jusqu'en 1838, époque du mariage de Maurice, qui mourut moins d'un an après. La mort de Maurice, c'est le grand événement de l'existence d'Eugénie, événement pressenti, redouté longtemps avant l'heure fatale, et dont le funèbre souvenir, toujours présent, remplit les neuf années que l'inconsolable sœur put encore passer sur la terre. J'ai déjà bien souvent nommé Maurice; mais, historien d'Eugénie, pourrais-je ne pas parler souvent du frère qu'elle ne cessa d'aimer vivant et mort, et qui est comme l'âme de son Journal? Me pardonnerait-elle de ne pas associer son frère, du moins en partie, à un éloge dont elle est le sujet, et celui qui inspira une affection si profonde et si indestructible à cette noble et pieuse fille, ne mérite-t-il pas par lui-même l'attention et la sympathie de tous les esprits distingués et de tous les cœurs délicats?

Le temps où il a vécu l'a ignoré; mais ceux qui le cherchent dans son Journal et dans ses lettres, dans les restes précieux de sa muse comme dans les fidèles souvenirs de sa sœur, reconnaissent en lui un des types les plus intéressants d'une époque si riche en figures originales. Pour moi, je comprends la tendre admiration d'Eugénie pour son frère, et ce n'est pas sans une vive émotion que je me représente, d'abord ce doux enfant rêveur préludant, réfugié des heures entières sous l'amandier confident de ses jeunes chagrins, à sa vie d'inquiète et douloureuse contemplation; et, plus tard, dans les bois de la Chênaie, ce beau jeune homme pâle et triste, errant à la poursuite de la vérité et de la paix sur les pas d'un maître plus incertain et plus agité que son disciple. Déjà un livre ravissant et détestable tour à tour s'était échappé du cœur, en attendant qu'il s'échappât des mains du croyant en révolte : moment formidable où, au sortir de la magnifique vision qui lui avait montré, comme dans un dernier et sublime éclair de la vérité, les inénarrables secrets de la Trinité chrétienne, le malheureux prophète restait encore suspendu entre le ciel et l'abîme ! Faut-il s'étonner que Maurice ait quitté la Chênaie plus livré que jamais aux anxiétés du doute, au découragement et à la touchante faiblesse de sa nature? Faiblesse touchante, en effet ; car elle avait sa source dans les langueurs d'une organisation débile et promise à une prochaine et irrémédiable ruine, et dans le malaise d'une âme avide seulement d'affections pures et calmes, de rêverie tranquille au fond des bois ou en face des vagues horizons de la mer, et condamnée à vivre au sein de l'agitation confuse de Paris, pour se heurter à toutes les indifférences, à toutes les petitesses, et à tous les chocs de la mêlée sociale. Ah ! je le sais, l'homme vraiment homme, le chrétien surtout, accepte la vie telle qu'elle est, avec une résignation courageuse et active que n'avait pas Maurice. Mais enfin c'était un caractère faible. Parmi les hommes de sa génération, ou parmi ceux qui sont entrés plus tard que lui dans la vie, mais qui sont, comme lui, plus ou moins, les fils du dix-neuvième siècle, s'il en est qui pensent pouvoir jeter la pierre à Maurice de Guérin, qu'ils le fassent ! Ce ne sera pas moi. Heureux, dirais-je même, heureux les faibles comme Maurice, qui, en remontant vers leur jeunesse, ne retrouveraient dans le souvenir des années ardentes que de généreuses larmes dans le désespoir de se sentir impuissants pour faire quelque chose de grand ou de bon, une petite chambre où, à la pensée des pauvres transis de froid, on ne voyait pas sans remords le feu flamber gaîment dans l'âtre; des soirées passées en intarissables causeries sur la poésie, sur la société, sur la nature, sur Dieu et son Christ; une ambition de connaître, quelquefois insensée, je le veux bien; mais si les questions qu'on agitait sont le tourment et le danger de l'esprit humain, elles en sont aussi la gloire! O Maurice, frère bien-aimé d'Eugénie, frère de tous ceux qui n'ont pas, dans une stupide indifférence, détourné le regard, quand une de ces questions souveraines se dressait devant eux, ô Maurice! dans quelle paix désespérée tu te reposas un jour, lorsque Mélampe apprit que les mortels n'ont rien reçu de la bouche inexorable des dieux; car Mélampe, c'était toi! C'était encore toi qui demandais avec Glaucus... le breuvage

Qui change en dieux des mers les mortels engloutis.

Mais tu as su depuis, ou plutôt tu t'es souvenu que la bouche du vrai Dieu n'est pas inexorable comme celle des dieux de la sagesse antique, et qu'il est une source d'eau vive où l'homme peut trouver sa divinité. Séduit par la grandeur et par la beauté de la Nature, tu parus un instant lui offrir ton culte; mais tu compris bientôt que le principe de la beauté et de la vie n'est pas en elle; tu ne fis que passer devant ses autels froids et menteurs, et, recevant des pieuses mains d'Eugénie l'image du Christ expirant, tu restas enfin prosterné avec elle aux pieds du suprême Consolateur.

Le mariage de Maurice avec Mlle de Gervain Caro, la charmante Indienne, fut accueilli par Eugénie comme un espoir de paix et de bonheur pour son frère. Quand les cadeaux de noce arrivèrent au Cayla, sa joie éclata en transports: elle, Eugénie, elle aimait à se voir déjà parée de la robe que lui envoyait sa nouvelle sœur. On avait décidé qu'elle irait assister au mariage ; elle partit, non sans regretter sa chambrette et son Cayla, et elle revit Maurice à Paris.

La grande cité l'étonna ; mais au milieu des merveilles de l'industrie et des arts, elle pensait aux fleurs et au gazon de ses campagnes : elle avait gardé *le cœur du Cayla*. Que pouvait d'ailleurs lui faire Paris? Elle avait retrouvé Maurice tout pâle, et dès ce moment les plus funèbres images la poursuivirent. Des fleurs au front pour le bal des noces, elle fermait les yeux d'épouvante en entrant dans la salle de fête, où elle voyait une rangée de cercueils. Vision prophétique! « Paris devait être mon calvaire, » écrivait Eugénie au bout de quelques mois.

En effet, de sinistres indices n'avaient pas tardé à confirmer ses pressentiments, et, le 25 mai 1839, après six mois d'inquiétudes croissantes mêlées de quelques lueurs d'espérance, ne pouvant plus tenir à l'incertitude et à la rareté des nouvelles, elle partit des Coques, où elle se trouvait alors, pour se rendre à Paris. Elle voulait connaître toute l'affreuse vérité, partager les soins et le dévouement de sa belle-sœur, ramener Maurice au Cayla, y tenter une guérison dont la bonté divine ne refuserait peut-être pas le miracle à l'ardeur de tant de prières, et, s'il fallait enfin se résigner au cruel sacrifice, donner au moins à ce cher mourant la joie de voir la lumière de ses derniers jours sous le ciel de son Cayla, et de reposer ses derniers regards sur tous les visages qu'il avait le plus aimés. Comment raconter ce lamentable voyage de vingt jours pour transporter Maurice de Paris au Cayla; l'arrivée au château, la triste joie de la famille en voyant le pauvre poitrinaire si content de se retrouver chez lui, de goûter *à la bonne cuisine* de sa sœur Marie ; son dernier amusement quand il travaille au grenadier de la terrasse, son sourire quand Eugénie lui fait faire son dernier repas, comme à un petit enfant ; et cette fin si douce et si chrétienne, et les baisers de tous les siens, pendant qu'il achève de mourir? Il faut lire dans le Journal d'Eugénie cet admirable récit de la fin de Maurice. Eugénie a pu s'élever à des beautés supérieures dans l'ordre des pensées religieuses ; mais pour le pathétique joint à la perfection du naturel, elle n'a jamais atteint jusque-là, et les plus grands maîtres eux-mêmes sont rarement montés plus haut.

Maurice mort, Eugénie vécut de son souvenir ; mais tout prit un autre aspect. Le riant Cayla devint un triste *cloître :* Maurice l'avait quitté pour toujours ! Elle l'y cherchait, elle l'y voyait partout, hélas ! il n'était plus qu'*un mort !* Chaque fois qu'elle portait ses regards sur le petit chemin qui descend du château pour remonter vers Andillac, elle pensait à l'absent qui n'y repasserait jamais ! Toutes les dates lui apportaient leur douleur ou leur regret. Dans les jours d'entière solitude, parmi toutes ces ombres qui sortaient des chambres du vieux Cayla, elle en reconnaissait une qu'elle était prête à saisir dans l'élan de sa tendresse. Maurice *était pourtant bien changé!* Mais non, dans le cœur d'Eugénie il n'était que *transposé !* Désormais il habitait au ciel ; c'était là qu'au lendemain de sa mort, elle avait voulu continuer de lui adresser le récit de ses journées. Car ses terreurs sur le salut de Maurice étaient vaines : l'incrédulité n'avait fait que *passer* sur cette belle âme ; et n'avait-il pas, avant de mourir, reçu l'aliment de la vie éternelle ? Le lien qui unissait Eugénie à Maurice ne fut donc pas rompu par la mort : rien n'était capable de la détacher de son frère ; mais elle aspirait à habiter le même lieu que lui, et, en attendant, elle languissait sur la terre. De temps en temps elle semblait reprendre à la vie : cette nature poétique ne pouvait rester insensible au doux éclat d'une belle matinée d'automne, à l'apparition de la première fleur; Eugénie notait encore la venue du rossignol et de la cigale, elle trouvait encore des couleurs pour peindre ses impressions. Le spectacle de la chute cadencée des fléaux sur l'aire, du joyeux travail des batteurs et des vanneurs la charmait, et toute la scène rustique revivait sous son frais pinceau. Elle reconnaissait avec un sentiment de religieuse gratitude la bonté de Dieu dans ces heureux accidents de sa voie douloureuse. *Le soleil au ciel lui faisait un beau jour dans l'âme;* une lettre de sa chère Marie, une lecture étaient *des cordiaux* qui la soutenaient. Mais souvent aussi elle s'affaissait sous le poids de l'abattement, un cri de désespoir lui échappait : « Tout meurt, je meurs à tout. Je meurs d'une lente agonie morale, état d'indicible souffrance. Va, pauvre cahier, dans l'oubli avec ces objets qui s'évanouissent ! » Et elle composait les litanies de la tristesse : « O Christ, qui êtes venu pour souffrir, ayez pitié de ma tristesse,... O Christ, qui avez vu mourir Lazare,..... ô Christ, qui vous êtes abattu trois fois dans le chemin du Calvaire,..... ô Christ, qui avez rencontré votre mère,... ô Christ, qui avez fini la vie en poussant un grand gémissement, ayez pitié de ma tristesse. » Le Christ lui donnait sa croix, et, se relevant, elle portait sa tristesse avec ce puissant secours.

Cependant un intérêt vint la rattacher à la vie. Le 1er juin 1840, le Centaure avait été publié dans la Revue des deux Mondes, et la célébrité posthume de Maurice commençait. Eugénie lut avec délices ces pages qu'elle ne connaissait pas, et dès lors son vœu suprême fut de recueillir et de mettre au jour tout ce qui pouvait rester du génie de son frère. Elle est morte avant l'heure désirée ; mais la pensée de faire briller sur la tombe de Maurice ce rayon de gloire dont elle eût été heureuse de le voir paré vivant, soutint et anima ses dernières années. Ce fut dans ce but qu'elle fit un second voyage à Paris. Elle y resta six mois, ouvrant son esprit plus mûr à une foule d'idées nouvelles, mais sentant aussi l'amertume de l'expérience, et retrouvant en tout lieu, avec le souvenir de Maurice, la douleur toujours vive de l'avoir perdu. Avant d'aller à Paris, elle s'était arrachée à son Cayla pour répondre à l'appel de son amie, Mme la baronne de Maistre, qui, depuis longtemps malade, et alors presque mourante, réclamait le secours de sa présence et de ses pieuses paroles. « Dieu le veut ! » s'était dit Eugénie, et à ce mot elle était partie. Elle rentra au Cayla avec ravissement : elle aimait tant le Cayla et la vie de famille, qu'après sa traversée de six mois dans Paris et dans le monde, lorsqu'elle revit sa chère solitude et se sentit enveloppée de toutes les tendresses de son père, de son frère Erembert et de sa sœur Marie, elle ne put, malgré la profondeur de son incurable blessure, s'empêcher d'oublier un instant sa peine. La Providence lui ménageait encore quelques moments de bonheur terrestre : elle les dut à des événements de famille, à l'union de M. Erembert de Guérin avec une charmante femme, à la naissance, au Cayla, d'une enfant qu'elle regarda comme la sienne, et qui lui donna une joie dont la douceur la surprit, la joie d'être tante. C'était en 1843 que la naissance d'une petite nièce réjouissait ainsi le cœur d'Eugénie. De 1843 à 1848, qui était la fin marquée à l'existence de la noble fille, cinq années s'écoulent, de plus en plus silencieuses. Le Journal avait fini avec le dernier jour de 1840. A partir de 1843 surtout, la correspondance ne renferme plus que quelques lettres écrites à de longs intervalles : la dernière est du mois de février 1847. L'année 1846 en contient un certain nombre, datées de Cauterets : elles sont relatives au séjour qu'Eugénie fut obligée d'y faire pour combattre le mal déjà grave qui l'emporta. Quelle fut la vie d'Eugénie pendant ces cinq dernières années ? Si nous le demandions à ceux qui en furent les témoins, ils nous diraient sans doute qu'elle prodiguait à son père, toujours souffrant, les plus tendres soins, portant elle-même, avec une vaillance et une bonne humeur toutes chrétiennes, le mal qui la minait, et n'aspirant plus qu'à s'approcher de la perfection dans les voies de la piété. Mais pour percer dans la sainte obscurité des derniers jours d'Eugénie, nous n'avons qu'à nous pénétrer de l'esprit de ses lettres et de son Journal. Lisez, par exemple, les lettres écrites de Cauterets à M. de Guérin : avec quel touchant artifice, sous le voile d'une gaîté spirituelle et douce, Eugénie savait dissimuler ses propres souffrances et ses propres chagrins! Et dans le Journal, que de traits suffiraient à nous apprendre qu'Eugénie dut être pour son vieux père malade, tant que ses forces ne la trahirent pas, une vraie sœur de charité dans la plus tendre des filles ! Elle ne dérobait de son âme à son père que le côté troublé, voulant qu'il ne lui vînt de son Eugénie que charme et consolation. Maurice eut certainement dans son cœur la première place des affections humaines; mais sa piété fraternelle n'ôta rien à sa piété filiale, et l'Antigone du Cayla, comme on l'a justement appelée, mérita le double honneur qui s'attache à ce beau nom.

Dans quels sentiments d'espérance et de foi elle attendit et vit venir la mort, elle qui l'avait méditée toute sa vie ! Après avoir porté un regard chaque jour plus ferme, au temps de la force et de la santé, sur cette issue qui s'ouvre brusquement quelquefois, mais toujours inévitablement à toute existence terrestre, à mesure que sa vie, à son déclin, se précipita vers le terme, elle aperçut mieux la beauté sévère que la mort peut revêtir, quand elle doit délivrer une âme chrétienne. Maurice était au ciel, elle allait l'y retrouver; et la vue même de Dieu allait enfin apaiser et rassasier son cœur qui ne pouvait se reposer qu'en lui.

Telle fut la vie d'Eugénie de Guérin. Sur un fond d'une extrême simplicité, une âme choisie et vraiment grande mit sa forte et pure empreinte. Les traits dont se compose le caractère d'Eugénie se réduisent facilement à un petit nombre ; mais chacun d'eux a un relief puissant. Eugénie fut une sœur incomparable, une chrétienne accomplie, et pour se peindre elle-même elle eut ce don si rare d'un style qui ne meurt pas, parce qu'il est l'expression toute naturelle et toute vive d'une intelligence heureuse, et d'un cœur profondément sensible aux attraits du bien et du beau.

Je suis peut-être parvenu, dans le résumé que j'ai tracé de la vie d'Eugénie, à donner une idée de la sœur. Mais comment saisir et fixer la nuance de cet amour fraternel qui fut une passion si pure, mais une passion ? L'amour fraternel prend parfois chez Eugénie un accent d'une extraordinaire vivacité. » Tout était glace, il y a quinze jours, et tu étais » ici... Oh ! ce vent du nord qui sifflait me faisait un » plaisir ! Je le bénissais chaque fois que je passais » en grelottant à la salle. Cependant il te fallait par- » tir... » Et quand Maurice n'est plus, « à quoi sert » ce Journal? pour qui? hélas ! Et cependant je » l'aime.. ce papier.. où je te retrouverai dans ma » vieillesse — si je vieillis. Oh ! oui, viendront les

» jours où je n'aurai de vie que dans le passé, le passé
» avec toi, près de toi jeune, intelligent, aimable,...
» tel que je te vois, tel que tu nous as quittés. »

Trois jours après la mort de Maurice, Eugénie lui disait : « Lettre touchante de l'abbé de Rivières, qui
» te pleure en ami; pareille lettre de sa mère pour
» moi. Expression la plus tendre de regret, douleur
» de mère mêlée à la mienne. Oh ! elle savait que tu
» étais le fils de mon cœur. »

Le fils de mon cœur ! Le mot que je cherchais, c'est Eugénie qui me l'a fourni : elle aima Maurice d'un amour de mère; elle fut charmée de sa grâce et de son génie, ainsi qu'une mère admire la beauté de son fils et l'intelligence qui rayonne dans son jeune regard; elle eut pour lui cette prédilection maternelle qui s'attache à la faiblesse, cet amour de compassion dont il avait besoin, et que lui donnait seul, disait-il dans une heure d'ingrat oubli, le cahier dépositaire du secret de ses aspirations et de ses misères; en véritable mère, enfin, Eugénie ne connut pas de mesure dans l'expression de son ardente tendresse.

Et quelle sympathie entre ces deux natures ! Comme Maurice, Eugénie était née pour la vie des champs, pour les rêveries dans la solitude; comme lui, elle aimait à se retirer au centre de son esprit et à suivre sa pensée dans ses plus longs détours; comme lui, elle avait cette mobilité et cette sensibilité d'impressions où chaque bruit vient résonner, chaque image se peindre; comme lui, elle était atteinte de ce mal indéfinissable, mais profond, l'ennui, dont on a fait honneur à notre siècle, et qui est, hélas ! un mal de tous les temps. Mais Eugénie le portait autrement que Maurice. Quand elle sentait l'affreux serpent lui enfoncer sa morsure dans le cœur, elle ne lui lançait pas une impuissante malédiction : « Je lui tranche, disait-elle, tête et queue, c'est-à-dire, la paresse et les molles pensées. » Que ne pouvait-elle persuader à Maurice de faire comme elle ! avec quelle pénétration, quelle fermeté de bon sens, quelle insinuante tendresse elle savait lui signaler ce lâche ennui qui l'énervait, lui enseigner à le combattre, et l'engager à ceindre les armes du chrétien ! Mais Maurice en avait interrompu l'usage : il n'eut pas toujours ce trait de ressemblance avec sa pieuse sœur.

C'est la foi et la piété d'Eugénie qui nous expliquent le secret de sa force dans les jours de défaillance et ce je ne sais quoi de doux et de solide qui achève ses vertus et les dons naturels de son esprit. Cette foi et cette piété sont admirables; mais pour en parler simplement avec vérité, dirai-je qu'Eugénie fut une sainte ? Je ne l'oserais. Un des caractères de la sainteté c'est un détachement complet et absolu de la terre. Eugénie n'eut pas ce détachement. Elle se tourna sans cesse vers le Ciel; elle gouverna et comprima ses instincts, même les plus purs ; elle adora la miséricorde de Dieu quand il la frappa ; elle sentit toujours la main du Créateur derrière le spectacle des choses visibles ; mais le charme de vivre sous ce rayon de poésie qui embellit le séjour de l'homme, et à la douce chaleur des affections humaines, avait encore des prises sur son âme et enchaînait son cœur dans des liens puissants. Je n'entends pas blâmer ces faiblesses, si ce sont là des faiblesses. Je ne m'attache qu'à louer la piété d'Eugénie comme je la comprends. Je n'oserai donc pas dire qu'Eugénie fut une sainte ; je doute même qu'elle ait eu la vocation religieuse. L'idée d'entrer en religion vint plus d'une fois assiéger son esprit ; mais si Dieu l'eût appelée comme il appelle ceux qu'il a marqués du signe sacré, qui croira qu'elle n'eût pas arraché de son cœur toute autre affection pour se donner à lui seul? Dieu l'appelait à une autre destinée : elle devait être l'ange gardien de son frère, et, dans les conditions ordinaires de la vie, une grande chrétienne.

Sans être inquiète, ni dédaigneuse des dévotions populaires, sa foi ne fut pas celle des simples. Elle s'était penchée sur ces abîmes où le dogme précipite les superbes; mais elle n'en connaissait pas le vertige. Sa raison, rendue plus lumineuse par la pureté de son cœur, avait atteint les sublimes et tranquilles sommets où le soleil de la vérité s'annonce par une aurore qui ne trompe pas. En attendant la pleine clarté du jour, elle voyait se répandre sur l'ombre des mystères ces lueurs plus vives que Dieu réserve à la soumission des plus hauts esprits, et souvent à la simplicité des plus humbles intelligences.

Eclairée et profonde, la foi d'Eugénie n'était pas moins agissante. Avec cet esprit qui s'emparait de tout pour en tirer quelque réflexion fine et utile, elle apercevait surtout le côté religieux des choses, et son sens net et pratique la conduisit insensiblement jusqu'à la perfection de la vie chrétienne dans le siècle. Quelle absence de toute raideur! quelle grâce aisée et naturelle dans les pensées les plus sérieuses! quel juste sentiment de la difficulté de plaire à Dieu, et de la bonté qui l'incline vers nous pour aider notre faiblesse! Sensible à l'excès sur tout ce qui intéresse un cœur affectueux et délicat, elle acceptait avec une résignation sincère et sans faste les plus dures épreuves. Prête à tout abandonner à Dieu, elle s'appliquait à garder dans le renoncement la mesure que sa raison lui commandait. Cet esprit de pieuse modération respire, avec une onction douce et simple, dans les lettres qu'Eugénie écrivait à des personnes affligées, ou d'une raison moins ferme que la sienne, pour les consoler et les fortifier. Elle avait quelquefois désiré la mort, pour se réunir plus tôt à Dieu; elle comprit que la volonté divine est que nous demeurions sur la terre sans déplaisir, et elle se borna à ne pas craindre la mort, excepté dans le jugement qui la suit. Mais cette sobriété et ce bon sens dans la piété pratique n'enlevaient rien à l'amour que son cœur nourrissait pour Dieu. L'amour, l'amour dans sa sublime pureté, était le fond et l'inextinguible besoin du cœur d'Eugénie. Bonne à tous ceux qui l'approchaient, dévouée avec tendresse à sa famille, passionnément attachée à son frère, il fallait encore à sa faculté d'aimer un plus haut et plus solide objet. Elle-même disait à Maurice : « Je n'ai trouvé de bonheur en personne, pas même en toi ! » C'est qu'elle cherchait l'ami qui est toujours présent pour écouter et pour répondre, l'ami qui n'est jamais un fragile soutien, l'ami qui ne meurt pas ! Dieu lui accordait la félicité de ses intimes communications : il s'accomplissait alors entre elle et lui dans le secret de son âme un mystère de joie et de paix dont l'émotion profonde est restée dans plusieurs pages du Journal. Dieu ravissait son cœur, mais il lui rendait ses affections de la terre agrandies et épurées. Il était le centre où elles se rencontraient, la source où s'alimentaient ses craintes et ses espérances. Maurice, éloigné de Dieu, l'avait désolée; rapproché de Dieu, il avait calmé son plus cuisant souci; mort, elle aspirait à être heureuse auprès de lui dans le sein de Dieu. Ainsi toutes les amitiés qu'elle formait ici-bas, « fleurissant au ciel, » suivant sa belle expression, devaient s'y perpétuer, et y participer de l'infini dont Dieu le remplit.

En essayant de peindre le caractère d'Eugénie, j'ai indiqué d'avance les principaux traits de sa physionomie d'écrivain. Ce qu'elle fut essentiellement, nature poétique, sœur, chrétienne, a donné à son style sa couleur, son mouvement et sa vie. Eugénie ne fut pas un écrivain de profession; elle n'eut même qu'une littérature peu étendue : elle avait l'esprit cultivé sans doute, et, bien que vivant loin du monde, elle trouvait dans un milieu étroit, mais distingué, plus d'un stimulant pour ses facultés natives; mais, qu'il y a loin de sa vie simple et retirée, du petit nombre et du choix sévère de ses lectures, de l'horizon borné du Cayla, à ces grands spectacles de la nature et de la civilisation, si puissants pour éveiller ou pour développer le talent, à ces ardents foyers de toutes les lumières où s'allume le génie dans le sein des capitales! Là une infatigable activité emporte et renouvelle les esprits; les aliments s'offrent de toute part à la pensée; l'œuvre qu'un écrivain original et hardi, un artiste créateur, met au jour, est aussitôt connue, étudiée, critiquée avec finesse et passion; il se fait un échange continuel des opinions et des sentiments, et la vie de l'intelligence circule sans cesse et partout. Au Cayla, Eugénie n'avait guère que la justesse naturelle de ses impressions pour former et guider son goût, et, pour l'exercer, que l'indigence de sa modeste bibliothèque. A trente quatre ans, elle n'avait pas encore lu Molière, et c'est à cet âge seulement que sa première lecture des *Précieuses ridicules* et des *Femmes savantes* lui faisait pousser ce cri : « Quel homme que ce Molière! Je veux le lire. » Elle ne lut jamais entièrement Notre-Dame de Paris, malgré la tentation qui lui revenait souvent de connaître ce livre où les pages impures succèdent aux pages charmantes, et où la poésie serait si belle si la nécessité n'y avait pas pris la place de Dieu. Elle sentait pourtant bien la puissance du grand poëte. Qui en a mieux parlé qu'elle? « Il est divin, il est infernal; il est sage, il est

» fou; il est peuple, il est roi; il est homme, femme, pein-
» tre, poëte, sculpteur, il est tout; il a tout vu, tout fait,
» tout senti; il m'étonne, me repousse et m'enchante;
» à peine si je le connais pourtant, que dans Cromwell,
» quelques préfaces, *Marie Tudor*, et quelque peu de
» *Notre-Dame*. » Mais la délicatesse de la femme, et de la femme chrétienne, l'emportait chez Eugénie sur les séductions du sens littéraire. Eugénie était née poëte, elle le comprenait, elle écrivait dans son journal, en s'appliquant le mot de Chénier : « J'ai quelque chose là ! » Son frère lui enviait l'heureuse facilité de son génie : « Oh ! si j'étais toi ! » lui disait-il; il la poussait à étouffer de vains scrupules, mais elle répondait : « La femme-poëte est un être idéal, tout-
» à-fait à part de la vie que je mène, vie d'occupa-
» tions, vie de ménage, qui absorbe tous mes moments.
» Le moyen de faire autrement? je ne le sais pas; et
» d'ailleurs, c'est là mon devoir, je ne veux pas en
» sortir... On a beau me dire, je ne puis m'élever
» au-dessus de mon aiguille ou de ma quenouille,
» sans aller trop loin; je le sens, je le crois; je reste-
» rai donc où je me trouve : quoi qu'elle en pense,
» mon âme n'habitera les lieux hauts qu'au ciel. » Eugénie fut donc, avant tout, attachée à ce qu'elle croyait son devoir, prenant sa quenouille quand il le fallait, et, au lieu de la femme du XVIIe siècle, c'est encore elle qui parle, n'étant que la simple fille des champs. Elle n'avait pas à s'y résigner; « car, ajou-
» tait-elle, il y a en moi un côté qui touche aux clas-
» ses les plus simples, et s'y plaît infiniment. »

Eugénie fut mieux qu'une femme auteur; elle fut un esprit naturellement délicat et élevé, produisant, pour se contenter lui-même, et sous l'inspiration du plus noble cœur, tantôt des vers gracieux et empreints d'une douce sensibilité, tantôt, et surtout, de simples confidences à un frère, admirables par la saine raison toujours, quelquefois par la profondeur, et souvent par l'éloquence et par la poésie.

Je n'insisterai pas sur les vers composés par Eugénie : d'abord, nous n'en avons que fort peu ; puis, pourquoi ne le dirais-je pas? la faiblesse, l'inégalité, l'imitation s'y font parfois sentir. Eugénie ne prit pas, et ne voulut pas prendre le soin de cultiver et de perfectionner en elle le talent des vers. Les siens n'ont pas toujours coulé de source. Elle en a cependant qui sont sortis tout faits de son imagination et de son cœur :

« Je n'aime que les fleurs que nos ruisseaux arrosent,
» Que les prés dont mes pas ont foulé le gazon ;
» Je n'aime que les bois où nos oiseaux se posent,
» Mon ciel de tous les jours et son même horizon.

Mais, en général, ce sont, comme ici, de soudaines et courtes inspirations qu'elle n'a pas suivies. Si l'on veut trouver la véritable veine poétique d'Eugénie, c'est dans sa prose qu'il faut la chercher. Là les beautés abondent. Ses lettres, son Journal offrent mille expressions jetées en passant, qui fixent une image d'un trait juste et délicat. Son talent de peintre ne s'arrête pas au simple trait. Le Journal renferme de vrais tableaux pleins de vérité et de grâce. Dans le genre descriptif, Maurice a sans doute une puissance de coloris, une largeur qui dépassent Eugénie. Cependant, écoutez ces deux notes sur les journées orageuses du 28 et du 29 mai 1835 : « Notre ciel d'aujourd'hui est pâle et languissant comme un beau visage » après la fièvre. Cet état de langueur a bien des » charmes, et ce mélange de verdure et de débris, de » fleurs qui s'ouvrent sur des fleurs tombées, d'oiseaux » qui chantent et de petits torrents qui coulent, cet » air d'orage et cet air de mai font quelque chose de

» chiffonné, de triste, de riant que j'aime. Mais, c'est » l'Ascension aujourd'hui; laissons la terre et le ciel » de la terre; montons plus haut que notre demeure, » et suivons Jésus-Christ où il est entré. Cette fête est » bien belle; c'est la fête des âmes détachées, libres, » célestes, qui se plaisent, au-delà du visible, où Dieu » les attire. »

» Le 29. — Jamais orage plus long, il dure encore; » depuis trois jours le tonnerre et la pluie vont leur » train. Tous les arbres s'inclinent sous ce déluge; » c'est pitié de leur voir cet air languissant et défait » dans le beau triomphe de mai. Nous disions cela ce » soir, à la fenêtre de la salle, en voyant les peupliers » du Pontet penchant leur tête tout tristement, comme » quelqu'un qui plie sous l'adversité. Je les plaignais, » ou peu s'en faut; il me semble que tout ce qui paraît » souffrir a une âme. »

Et, près d'un an après la mort de Maurice, cette esquisse d'un charme pieux et pénétrant, au retour d'une visite aux champs pour les Rogations : « Ce » matin, visite aux champs pour les Rogations, au » lever du soleil. Que c'est joli de parcourir à cette » heure-là la campagne! de se trouver au réveil des » fleurs, des oiseaux, de toute une matinée de prin- » temps, et qu'alors la prière est facile! qu'elle s'en » va doucement dans cet air embaumé, à la vue de si » gracieuses et si magnifiques œuvres de Dieu! On est » trop heureux de revoir un printemps. Dieu l'a » voulu sans doute pour nous consoler du paradis » terrestre. Rien ne me donne l'idée de l'Eden comme » cette nature renaissante, ondoyante, resplendissante » dans la belle fraîcheur de mai. »

Serait-il bien téméraire de mettre ces descriptions en regard de celles qu'un éminent critique a si justement admirées dans les œuvres de Maurice? Il faut le reconnaître néanmoins, la palme appartient à Maurice pour le talent descriptif en prose, comme pour la poésie sous cette forme qui, seule, lui donne tout son relief et tout son éclat, la forme du vers. Maurice, d'ailleurs, sauf dans ses lettres, est constamment un artiste qui soigne les moindres détails de son œuvre, et la caresse. Mais s'agit-il de s'abandonner à cette aimable et sage fantaisie d'une imagination contenue, mais non refroidie par la raison, d'un cœur naïf qui s'épanche sans mouvements désordonnés, Eugénie égale son frère. Quel charmant petit poëme que ses paroles à un oiseau qu'elle retient prisonnier! Quelle délicieuse et touchante rêverie lui inspire tout à coup la vue d'un insecte presque imperceptible qui chemine sous sa plume pendant la rédaction d'une note de son Journal! Et s'il faut exprimer de solides et fines réflexions sur nos faiblesses et nos misères morales; si son esprit rencontre ces graves pensées de la vie et de la mort; si son âme est sous une forte impression de douleur ou d'amour, ce n'est plus à Maurice qu'il faut la comparer. Des noms plus imposants se présentent à l'esprit : on se tient d'abord en défiance, on s'effraie du rapprochement qu'on a fait pour ainsi dire malgré soi; on relit, on examine de nouveau, et, frappé de plus en plus de tant de force avec tant de naturel, on se dit qu'en effet une simple fille s'est quelquefois exprimée comme les maîtres dans l'art de la pensée et de la parole écrite.

Ne retrouvez-vous pas la fermeté et la vivacité du trait de la Bruyère dans des lignes comme celles-ci : « Je regarde à peu près comme perdus ceux que la » tristesse possède. Faut-il remplir un devoir? impos- » sible. Ce sont des hommes tristes; ne leur deman- » dez rien, ni pour Dieu, ni pour eux-mêmes, que ce » que leur humeur voudra. »

J.-J. Rousseau a-t-il mieux dit, a-t-il aussi bien dit qu'Eugénie s'adressant à son frère en proie à un accès de faiblesse et d'ennui? « Si je pouvais me faire » du bien ou en faire à quelqu'un, seulement une mi- » nute par jour! Eh! mon Dieu, rien n'est plus » facile, je n'avais qu'à prendre un verre d'eau et le » donner à un pauvre... Dieu seul nous donne la » force et le vouloir dans cette lutte terrible, et, tout » faible et petit qu'on soit, avec son aide, on tient » enfin le géant sous ses genoux; mais pour cela, il » faut prier. » On voudrait citer toute la note; elle est vraiment admirable d'un bout à l'autre.

Ne pensez-vous pas à Bossuet lui-même enfin, quand Eugénie s'écrie : « Mon Dieu, trouver un jour long, » tandis que la vie tout entière n'est rien! C'est que » l'ennui s'est posé sur moi, qu'il y demeure, et que » tout ce qui prend de la durée met de l'éternité dans » le temps. » Elle a des pages presque entières qui rappellent le familier sublime et la grande manière de l'orateur chrétien. « ... C'est trop étendu pour » moi, ce chapitre de la science du mal : j'aime » mieux dire que j'ai cousu un drap de lit et que je » cousais bien des choses dans ma couture. Un drap » prête bien à la réflexion; il va recouvrir tant » de monde, tant de sommeils si différents! peut-être » celui de la tombe. Qui sait s'il ne sera pas mon » suaire, si ces points que je fais ne seront pas dé- » cousus par les vers! Pendant ce temps, papa me » contait qu'il avait envoyé à mon insu une pièce de » vers à Rayssac, et j'ai vu la lettre où M. de Bayne » en parlait et lui disait que c'était bien. Un peu de » vanité m'en venait, elle est tombée dans ma cou- » ture. A présent je me dis que la pensée de la mort » est bonne pour nous préserver du péché. Elle mo- » dère la joie, tempère la tristesse, fait regarder

» comme passé tout ce qui passe. » — « Premier Ange-
» lus de notre cloche neuve. Je viens de l'écouter à la
» fenêtre de la salle et me suis levée de table tout exprès
» pour ce plaisir, suivi de tant de pensées diverses
» que j'aime. Mélange religieux de joie, de deuil, de
» temps, d'éternité, berceaux, cercueils, ciel, Dieu :
» la cloche annonce tout cela, me l'a mis dans l'esprit
» à présent. Oh ! surtout, surtout je pense quel premier
» glas elle sonnera ! pour qui ? je le marquerai ; à
» quelle page ? peut-être ne le marquerai-je pas. Quel
» vivant peut se dire : Je parlerai d'un mort ? Mon
» Dieu, nous passons si vite ! Cependant je suis bien
» portante ; mais je vois des fleurs, mises toutes
» fraîches ce matin dans un vase, flétries et toutes
» mortes ce soir. Ainsi de nous : le vase où nous
» avons la vie n'en contient pas pour plus d'un jour. »

Je pourrais citer d'autres passages ; par exemple, ses dernières pensées du 31 décembre 1834 ; mais je dois me borner.

Comme les vrais écrivains, dont tout l'art consiste à suivre le mouvement naturel et varié de leur pensée et de leur cœur, Eugénie a, dans son Journal, et parfois dans la même page, les styles les plus divers. Avant de faire, avec une profondeur de pensée et une force d'expression qui ne seraient pas indignes, on a pu le voir, de Bossuet ou de Pascal, ces réflexions d'une note du mois d'avril : « Mon Dieu, trouver un
» jour long, tandis que la vie tout entière n'est
» rien !... », quelques lignes seulement plus haut, Eugénie avait dit : « ... J'ai vu d'autres fleurs dans
» le chemin de Cahuzac, tout bordé d'aubépines. C'est
» plaisir de trotter dans ces parfums, et d'entendre
» les petits oiseaux qui chantent par-ci par-là dans
» les haies. Rien n'est charmant comme ces courses
» du matin au printemps, et je ne regrette pas de me

» lever de bonne heure pour me donner ce plaisir. »

N'est-ce pas la sensation de délicate fraîcheur que donnent les vers charmants de la Fontaine :

..... Un jour
Qu'il était allé faire à l'aurore sa cour,
Parmi le thym et la rosée...?

Quand j'ai résumé la vie d'Eugénie, j'ai parlé de son chef-d'œuvre, le récit des derniers jours et des derniers moments de Maurice. Quels accents déjà lui avait arrachés la douleur, lorsqu'elle avait compris la terrible signification du silence que l'on gardait avec elle sur son frère ! « Mon ami, mon frère, mon » cher Maurice, je ne sais que penser, que dire, que » sentir. Après Dieu, je ne vis qu'en toi, comme une » martyre, en souffrant. Et qu'est-ce que cela, si je » pouvais l'offrir pour te racheter? quand je plonge- » rais dans une mer de douleur pour te sauver du » naufrage. Toute rédemption se fait par la souf- » france : acceptez la mienne, mon Dieu ; unissez-la » à celle des sœurs de Lazare, unissez-la à celle de » Marie, au glaive qui perça son âme auprès de Jésus » mourant; acceptez, mon Dieu, coupez, tranchez » en moi ; mais qu'il se fasse une résurrection ! » Parmi tous les genres d'intérêt qu'excite le Journal, c'est ici l'intérêt dramatique, c'est l'émotion d'une tragédie au moment de la catastrophe. Le sentiment de l'amour de Dieu devait faire sortir des entrailles d'Eugénie des paroles encore plus éloquentes: « ... Pardonnez-moi, mon Dieu, tout ce qui me fait » peur. L'âme qui vous est unie, qu'a-t-elle à crain- » dre? Ne vous aimerais-je pas, mon Dieu, unique » et véritable et éternel amour? Il me semble que je » vous aime, comme disait le timide Pierre, mais » pas comme Jean, qui s'endormait sur votre cœur. » Divin repos qui me manque ! Que vais-je chercher

» dans les créatures? Me faire un oreiller d'une poi-
» trine humaine, hélas! j'ai vu comme la mort nous
» l'ôte. Plutôt m'appuyer, Jésus, sur votre couronne
» d'épines. »

J'ai peut-être multiplié les citations du Journal, et pourtant je suis loin d'avoir épuisé tous les beaux extraits qu'on en pourrait faire. Mais il faudrait tout relever. Partout ce sont des pensées fortes ou ingénieuses, des mots profonds ou délicats, des expressions trouvées, un style ferme et coulant où la recherche, quand elle se montre, surprend, tant elle est rare! Les lettres d'Eugénie forment un recueil précieux sans doute, et il serait fâcheux de ne pas connaître ces pages où se rencontre tant de sagesse et de piété, de bon sens spirituel, et de mots charmants qui viennent du cœur, comme les grandes pensées. Mais le Journal est l'œuvre immortelle d'Eugénie; c'est là qu'elle a mis toute son âme, et que, sans aspirer à la gloire, elle a élevé un monument qui consacrera la sienne. Oui, cette modeste fille est arrivée à la gloire, et à une gloire d'autant plus solide qu'elle ne l'a pas cherchée. Sans aller jusqu'à prétendre qu'elle s'ignorât elle-même, on peut assurer que jamais personne n'eut moins d'ambition. Je me trompe, son cœur en caressait une, mais c'était la gloire de Maurice. Pour elle, « si quelque héritier de ma cel-
» lule trouve cela, disait-elle en parlant de son Jour-
» nal, et trouve une bonne pensée, et qu'il la goûte
» et devienne meilleur, quand ce ne serait qu'un
» instant, j'aurai fait du bien. Je veux le faire. Sans
» doute, je crains de perdre le temps, ce prix de
» l'éternité; mais est-ce le perdre de l'employer pour
» son âme et pour une autre? » Ce bien, la seule espérance qu'elle voulût attacher aux pages de son cher cahier, elle l'a réalisé, elle le réalise tous les

jours dans une mesure qu'elle ne soupçonnait pas : mais une pure et durable renommée d'écrivain s'y ajoute. Le Journal d'Eugénie de Guérin nous a vraiment révélé la sœur d'un écrivain restée elle-même obscure, tandis que son frère était déjà célèbre, et cependant plus grande que lui. Il est douteux, malgré une grande autorité, qu'il fût juste d'attribuer à Jacqueline Pascal un génie supérieur à celui de l'auteur des Pensées ; mais on n'hésitera guère à donner à Eugénie de Guérin la préférence sur son frère pour la puissance du style comme pour la force et pour la beauté du caractère. Qu'importe, après tout, que le jugement de la postérité place Eugénie de Guérin avant ou à côté de son frère? Ces deux noms sont inséparables, et Maurice, objet constant des pensées de sa sœur, tant qu'elle vécut, partagera la gloire attachée désormais au nom d'Eugénie.

D'autres femmes ont laissé, d'autres femmes laisseront le souvenir d'un rôle et d'un génie plus éclatants. Dans notre siècle, il en est une dont l'éloquence a troublé bien des cœurs, et fait verser à notre jeunesse des larmes que notre âge mûr se reproche peut-être. Hélas ! il lui a manqué ce lest nécessaire aux plus généreuses natures et aux plus robustes génies, la foi. Des erreurs à jamais regrettables obscurciront sa trace brillante. Le nom d'Eugénie ne rappellera que des émotions pures, qu'une influence salutaire. Il lui vint souvent à l'esprit d'écrire, sans se nommer, à l'homme qui fut le maître de son frère, et de « lui faire entendre une mystérieuse voix de supplications et de larmes. » Elle ne l'osa point. Qui sait ce qu'elle aurait remué dans le cœur profond qu'elle songeait à toucher? Ah ! puissent, du moins, les pages immortelles qu'elle nous a laissées donner à de nobles âmes, encore en retard dans les sentiers de la vérité, cette secousse décisive qui porte enfin vers le but! Puissent-elles en arrêter d'autres qui se précipitent vers l'abîme, entraînées par le scepticisme sans frein de notre temps! Eugénie ne raisonne guère; mais elle sait faire jaillir la source des larmes, et une larme montée du cœur a plus de puissance qu'un raisonnement. Son Journal, c'est-à-dire sa vie qu'il nous retrace avec une naïveté si touchante, plaide pour la religion aussi bien qu'une savante apologie. Il intéresse tous les âges, il s'adresse à tous les esprits; que de mains déjà en ont vingt fois tourné les feuillets! Pour moi, en venant mêler ma voix à ce concert de louanges qui devait retentir dans la cité de Clémence Isaure, comme dans son lieu naturel, j'ignore l'accueil réservé à ce faible travail; mais les heures que j'ai passées à étudier le caractère et le talent d'Eugénie de Guérin, seront toujours dans mon souvenir des heures de charme et d'attendrissement, et je n'aurai qu'un regret, ce sera de n'avoir pu lui offrir un plus digne tribut d'hommage et d'admiration.

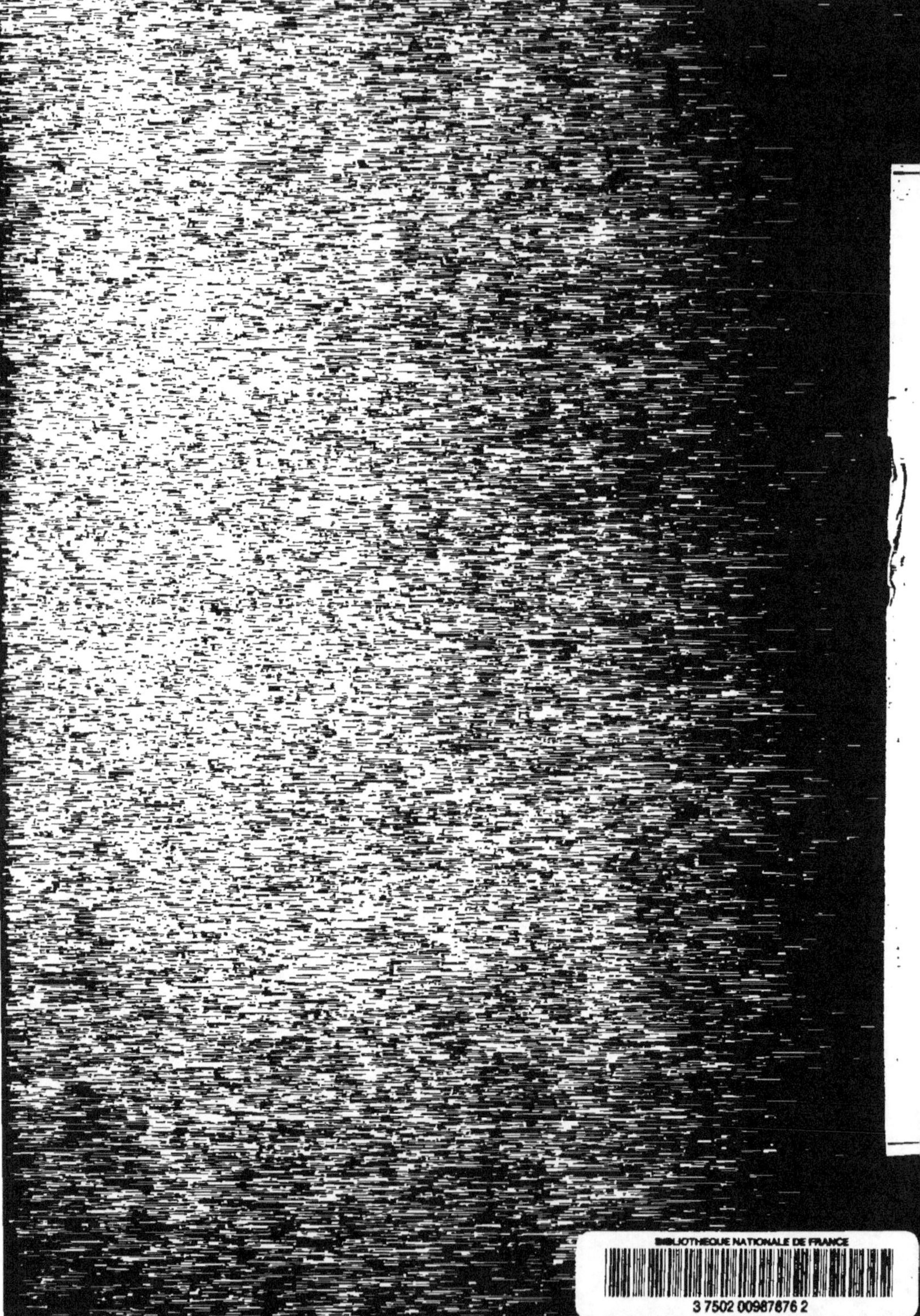

www.ingramcontent.com/pod-product-compliance
Lightning Source LLC
LaVergne TN
LVHW021715230826
846091LV00006BA/2183